REGRETS

DE MR. ***

SUR LA MORT

DE SA FEMME.

par M. Jos. Fr. Peronnet de Gravagneux
avocat et Notaire à Lyon (V. France litt.)

M. DCC. LXI.

REGRETS DE Mr. *** SUR LA MORT DE SA FEMME.

C'En est donc fait, chere moitié de moi-même ! tu m'es ravie sans retour ? Quoi, tandis que tant de mortels dont la terre est fatiguée voient les années s'accumuler sur leurs têtes, devois-tu si-tôt disparoître, toi dont la vie ne pouvoit être trop longue ? Par où ai-je mérité d'être séparé de toi ? Sans doute mon cœur n'étoit pas à beaucoup près digne du tien ; mais je connoissois toutes tes rares qualités, j'en faisois mes délices, je les adorois : n'en étoit-ce pas assez pour que tu me fusses conservée ? Je ne demandois pas de monter aux honneurs, ni de m'engraisser de la substance de la veuve & de l'orphelin : vivre sans cesse avec toi, m'enrichir de tes vertus, les voir briller dans tes enfants, mourir un jour entre tes bras ; voilà quelle étoit mon ambition. Sont-ce donc là les vœux qui devroient être rejettés ?

Pardon, ma chere ame ; tu es dans le sein de Dieu, & tu m'ordonnes de me soumettre à ses décrets impénétrables. Eh bien j'obéis ; mais si le tribut d'un chaste amour n'est point une offrande qui lui soit désagréable, si dans la béatitude dont tu jouis tu conserves encore quelques traces de ce vif intérêt que tu prenois à mon être, jette les yeux ſur ma miſere ; daigne m'obtenir la force d'en ſupporter tout le poids, & permets-moi de retracer ici une partie des biens que j'ai perdus. Privé pour toujours de ta préſence, de ton amitié, de ton exemple, &, pour comble d'infortune, n'ayant pas même une ſimple image de tes traits ſur laquelle je puiſſe arrêter quelquefois mes triſtes regards, je les porterai ſur ce papier, & j'y retrouverai au moins quelque choſe de toi. Pourrois-tu m'envier cette légere conſolation, la ſeule qui puiſſe aujourd'hui me reſter ſur la terre ?

Que ne puis-je par un éloge digne de ton ame, digne de ces maîtres de la parole qui ſavent donner l'immortalité, porter ton nom au bout du monde, & le ſauver du trépas ! Il y en eut peu, je l'ose dire, qui méritât mieux d'être placé au temple de Mémoire, si la vertu seule y fait les titres. Que de perfections tu réunissois ! mon cœur les sent toutes, mais mon esprit s'égare dans leur assemblage, & ne sauroit les décrire. Que de louanges n'ont pas prodigué la crainte, le mensonge, l'intérêt ! que de noms dignes d'un éternel oubli n'ont-ils pas consacrés ! pourquoi la tendresse, la vérité, ont-elles souvent moins de pouvoir ? Me seroit-il défendu de publier tes vertus, parce qu'un lien sacré me les faisoit admirer de plus près ? Non sans doute ; & si l'on parloit toujours comme on fait sentir, si j'écrivois comme tu savois penser, tu vivrois dans le souvenir de tous les adorateurs du vrai mérite, comme dans mon cœur.

Tu n'as pas paru, il eſt vrai, ſur la ſcene du monde ; tu ne l'as pas étonné par des actions d'éclat, comme les *Arrie* & les *Porcie* : tu n'as pas brillé de la gloire des *Sapho*, & d'une autre *Clemence*, peut-être fabuleuſe ; (*a*) mais tu n'as pas moins fait, je puis le dire : (*b*) avec autant de magnanimité que les premieres, tu t'es tenue ſans effort à la place que la Providence t'avoit donnée ; & loin de t'appercevoir que tu en méritois une bien plus brillante, tu ne craignis rien tant que d'attirer les yeux ſur toi : avec autant de goût & peut-

(*a*) C'étoit le nom de la perſonne que l'on regrette ici, morte à Lyon en 1751, âgée de 24 ans ; & l'on fait alluſion à Clemence Iſaure, célébrée tous les ans par l'Académie des Jeux Floraux, & dont beaucoup d'Auteurs ont nié l'exiſtence.

(b) *Grande eſſe aliquem intra ſe tranquillum eſſe & ſibi convenire.*

être de génie que les dernieres, tu n'as ambitionné que les ſeuls vrais biens; perſuadée que le talent de dompter ſon cœur eſt la ſcience la plus utile & la plus ſûre, & qu'une femme, dans la plus obſcure comme dans la plus haute des conditions, n'a pas beſoin d'en ſavoir davantage, quand elle ſait remplir les devoirs d'épouſe, de fille, de femme ſociable, d'amie, de mere, de Chrétienne ; tu ne cultivois ton eſprit que pour embellir ton ame : auſſi qui porta jamais toutes ces qualités à un plus haut degré ?

Quelle épouſe, grand Dieu ! Née avec la vertu la plus pure, non ſeulement tu ne pouvois pas imaginer qu'une femme pût jamais manquer eſſentiellement à celui à qui ſa deſtinée eſt unie, mais tu ne concevois point qu'il dût n'être pas ſans ceſſe l'objet de toute ſa tendreſſe. A peine auſſi m'eus-tu donné ta main, que ton devoir te parlant en ma faveur, tu me ſuppoſas tout ce qui pouvoit me la mériter. Dès-lors que ne fis-tu pas pour moi ? tu ne ſemblois vivre que pour m'aimer. Quelles inquiétudes à la plus courte abſence ! quelles alarmes à la plus légere indiſpoſition ! quelle joie de pouvoir lire dans mon cœur, d'imaginer de nouveaux moyens de te l'acquérir ! quel empreſſement à partager mes peines ! tu euſſes voulu les ſouffrir pour moi. Que dirai-je ? tout ce que l'amour peut inſpirer à une tendre amante, le devoir à une vigilante épouſe, l'amitié à une ame faite pour elle, je le trouvai dans ton cœur, & rien n'auroit pu m'en bannir. O trop aimables nœuds ! ô jours charmants, deviez-vous ſi-tôt finir !

Egalement éloignée de ces épargnes ſordides que l'avarice appelle économie, & de ces dépenſes ſuperflues que les gens les moins aiſés ſe croient néceſſaires, quel ordre, quel arrangement régnoit dans ta maiſon ! Elle étoit peu conſidérable, mais il n'en eſt point que tu n'euſſes pu conduire. Tout te coûtoit ſi peu, que quand tu allois au delà du devoir de la femme la plus attentive, tu croyois n'en point aſſez faire. On prie les autres de ſe retrancher certains amuſements ruineux, il falloit te prier de te prêter à la ſociété ; & ce n'eſt point trop avancer, de dire que tu quittois quelquefois l'ouvrage avec autant de peine, qu'une femme dont le plaiſir eſt l'élément quitte une aſſemblée où elle ſe voit l'objet de tous les regards. Enfin, & pour tout dire en un mot, bien différent de ces maris qui, jouant le bonheur, approuvent hautement ce qu'ils condamnent tout bas, il falloit preſque que je te créaſſe des défauts pour trouver moins d'incrédules.

Ce n'eſt pas que tu ne fuſſes faite pour figurer dans le monde : eh ! qui y brille à plus juſte titre ! Tu n'avois pas, je l'avoue, une beauté raviſſante, une taille majeſtueuſe, cet eſprit ſaillant qu'on y encenſe, ni ce ton avantageux qui diſpenſe d'en avoir ; & dédaignant tout éclat emprunté, tu ne cherchois pas à racheter ce qui te manquoit à cet égard par les reſſources de la toilette.

„ Il y a dans quelques femmes, „ dit la Bruyere, une grandeur artifi-

„ cielle, attachée aux mouvements des „ yeux, à un air de tête, aux façons „ de marcher, & qui ne va pas plus „ loin ; un esprit éblouissant, & que „ l'on n'estime que parce qu'il n'est „ pas approfondi : il y a dans quel- „ ques autres une grandeur simple, „ naturelle, indépendante du geste & „ de la démarche, qui a sa source „ dans le cœur ; un mérite paisible, „ mais solide, accompagné de mille „ vertus, qu'elles ne peuvent couvrir „ de toute leur modestie.

A qui ces derniers traits convinrent mieux qu'à toi ? non il ne fut point une plus belle ame, un cœur plus excellent ; néanmoins quels agréments n'étoient pas répandus dans ta personne ? qui eut jamais plus de feu, d'intelligence, de tendresse, de beauté dans les yeux, & avec une de ces physionomies qui touchent encore plus l'ame qu'elles ne frappent les sens, plus de ces graces simples & naïves que la Nature seule peut donner, attraits plus durables & toujours plus séduisants que la beauté même? Qui se connut mieux en tout ce que l'âge, la naissance, les dignités, le mérite personnel, peuvent exiger de droits & d'hommages; en tout ce qui s'appelle esprit de goût, délicatesse de sentiment, bienséances, air, usages du monde? Par quel charme, t'interdisant tant de propos si fêtés, & si peu dignes de l'être, savois-tu intéresser & ne rien dire qui ne fût agréable! avec quel art savois-tu, tantôt badiner avec ces personnes vives & folâtres qui sement par-tout la joie, tantôt raisonner avec celles qui pensoient! tantôt faire valoir l'esprit des autres, &

t'immoler à leurs prétentions ; tantôt en imposer, sans le vouloir, au plus intarissable caquet ! Ces jeux de commerce qui sont l'ame des cercles, & dont tu te défendis si long-temps comme d'un crime, craignant qu'ils ne prissent trop sur tes devoirs, qui les joua plus rarement & avec de plus nobles vues ? quand il t'arrivoit d'être heureuse, les Marchandes de mode n'y gagnoient rien, l'indigent seul s'en appercevoit. Ce n'est qu'après ta mort que ton Journal, monument précieux de ta bonne conduite, m'a appris ce digne emploi. Tu ne me le cachois que pour me voiler une de tes vertus.

Il falloit, à la vérité, beaucoup de discernement & d'instinct pour le vrai beau, pour démêler tout ton mérite ; & dans le monde on ne se donne pas la peine d'étudier personne. Qu'y gagneroit-on le plus souvent? il est des erreurs agréables qu'on ne doit point chercher à perdre. Oui, nous n'oublions rien pour masquer ceux de nos défauts que l'amour propre ne peut nous travestir en agréments : toi, tu n'avois que des vertus; & loin d'en faire parade, tu ne t'occupois qu'à les cacher, ou plutôt, tu ne t'en doutois pas. Non, la modestie ne fut pas dans toi une vertu extérieure : en général elle ne nous dérobe qu'aux regards des autres; celle dont tu étois douée alloit plus loin, elle te déroboit à tes propres yeux.

Dans mes différentes occupations, de quel secours ne m'étois-tu point? tu pouvois tout ce que tu voulois, quand tu voyois le moindre jour à me complaire; & c'eût été te contrister, que de te ſauver cette communication : c'étoit donc ou une lecture longue & pénible que tu m'épargnois, ou le précis d'un ouvrage de Littérature que nous avions lu enſemble ; c'étoit l'analyſe d'un mémoire, ou le canevas d'un autre. (a) Tu parcourois des livres que tu n'avois jamais ouverts, & la promptitude, la ſagacité de ton eſprit t'y faiſoit puiſer des déciſions que le Juriſconſulte le plus familiariſé avec les Loix n'eût gueres ſaiſies plutôt. Je commençois à paroître au Barreau ; animé par les modeles que j'y voyois en foule, & ſoutenu ſur-tout de ton goût pour cette profeſſion, premiere école de la ſageſſe & de la ſcience, j'euſſe pu

(a) A l'âge de 19 ans elle avoit fait un extrait du traité du Droit de la Nature & des Gens, & de tous les ouvrages de M. Rollin.

peut-être un jour y faire entendre ma voix avec quelque ſuccès, je t'ai perdue; je n'ai aujourd'hui que trop de raiſons pour dire avec un Ancien, & avec bien plus de fondement que lui: *J'ai perdu le témoin, le compagnon de mes études, le juge, le guide de ma conduite, l'ame de mon ame; je crains bien de retomber même au deſſous de moi-même.*

Que dirai-je de ta tendre piété pour ton pere? oſerai-je publier que plus tu t'appercevois du progrès que tu faiſois dans mon cœur, plus tu le béniſſois? *Que de biens je lui dois!* m'écrivois-tu un jour, *je lui ſuis redevable de l'exiſtence & des principes qui m'en font ſentir tout le prix; je lui dois notre union, & ce que j'y mets d'agréable & de ſatisfaiſant pour toi: puis-je trop le chérir, le reſpecter?*

Quel diſcours ! devrois-je me le rappeller ? O le plus reſpectable & le plus aimable des hommes ! vous qui, par une ſcience trop peu connue, ſavez ſi bien retarder la mort & la vaincre, où étiez-vous ? de la plus parfaite félicité je ne ſerois pas tombé dans l'horreur d'un état que la raiſon ne peut qu'aigrir : vous auriez ſauvé votre fille, vous me l'euſſiez donnée une ſeconde fois. Deviez-vous me faire un tel préſent, s'il falloit qu'il me fût ſi-tôt arraché ? vous ne l'éleviez donc avec tant de ſoin que pour empoiſonner le reſte de mes jours ?.... Mais eſt-ce à moi à vous faire ces reproches ? à moi qui vous l'ai enlevée, & pour qui elle abandonna ſi généreuſement, & la plus brillante patrie, & les parents les plus aimables : n'eſt-ce point plutôt à vous à me la redemander ? Je l'avoue ; puiſque, victime infortunée du plus tendre amour, elle a péri en m'en donnant un gage, vous n'avez que trop de droit de me dire que vous ne me l'aviez pas confiée à cette condition. Ah ! ſi je l'euſſe en effet regardée toujours comme une ſœur, ou que, ſemblable à tant d'autres, cette chere enfant n'eût jamais connu le doux nom de mere !.... mais j'aurois été trop heureux, & il ne lui devoit rien manquer de tout ce qui peut honorer ſon ſexe. Cependant ſi vous avez perdu pour toujours l'eſpérance de la revoir, vous n'avez pas perdu l'amour qu'elle vous portoit ; cet amour eſt dans mon cœur : & ſi quelque choſe me retient à la vie, c'eſt le deſir de le tranſmettre à ſes rejetons, avec tous les ſentiments qui vous ſont dus d'ailleurs.

Je reviens à toi, chere idole de mon ame; dût la plume me tomber à chaque inſtant des mains, il faut que je pourſuive. Eh ! pourrois-je jamais tout dire? .... Dans le commerce de la vie, tu ſavois t'accommoder à tous les caracteres : une contenance aiſée, noble, ingénue, annonçoit la beauté du tien : & tu ne méritois pas moins d'admiration par cette candeur qui fait l'appanage des ames du premier ordre, que par une prudence preſque au deſſus de ton ſexe.

Que tu étois ſur-tout éloignée de ces perſonnes inquietes & ſoupçonneuſes qui voient du crime par-tout? L'extrême généroſité de ton cœur mettoit ton eſprit en défaut, & tu ne voyois pas même le mal où il étoit. Faut-il s'étonner après cela ſi jamais il ne t'échappa, non ſeulement la plus légere médiſance, mais le moindre ſouris à la raillerie ? Inviolable dans tes paroles, religieuſe dans les ſecrets que l'on te confioit ; auſſi incapable de te paſſionner ſur rien, que d'inégalité pour tout ce qui t'avoit plu : inacceſſible à la prévention, au dédain, à toute baſſe jalouſie, toujours prête à avouer tes torts, à te charger de ceux d'autrui, vraie dans tous tes procédés, dans tous les temps ; que dirai-je ? tu ſus toujours être préciſément tout ce que le grand nombre veut paroître.

Les prévenances, les égards que tu avois pour les perſonnes que tu connoiſſois à peine, portoient l'empreinte de l'amitié : c'étoit te faire grace que de te rechercher ; & pour exciter ta reconnoiſſance, je dirois volontiers qu'il ſuffiſoit preſque de te ſourire.

Où n'alloit donc pas ton affection pour les personnes avec qui tu étois intimement liée ? Le plaisir, l'intérêt, les jeux sont la source de toutes nos prétendues amitiés : favorable pour moi seul, tu ne donnois la tienne qu'au mérite ; & quand tu l'avois donnée, tu ne connoissois point ces petitesses qui font tant de ruptures ou de tracasseries.

Il est des amis qui nous échappent au besoin par l'indolence de leur cœur ; d'autres, qui avec les meilleures intentions nous nuisent par le manque de jugement & de lumieres : pour toi, aussi sûre par la droiture de ton esprit, qu'essentielle par la vivacité & la chaleur de ton ame, tu ne perdis jamais une occasion d'être agréable, d'être utile.

Que je vous plains donc, vous qui,

après avoir ſu apprécier cette chere moitié de mon être, lui aviez donné votre amitié ! ſi vous connoiſſez tout le prix d'un ſentiment ſi noble & ſi rare, il ne vous reſte qu'à déplorer cette perte; vous ne réuſſiriez pas à la réparer.

Si je plains tes amis, quelles larmes ne donnai-je pas aux deux tendres gages que tu m'as laiſſés ? Hélas ! devions-nous ſurvivre à ta perte? Pourquoi du moins n'as-tu pas emporté dans le tombeau la conſolation de les avoir élevés ? ils auroient pu peut-être te reſſembler. Infortunés enfants, vos yeux chercheront en vain votre mere ; ſes bras ne s'ouvriront jamais pour vous. Et quelle mere ! vous ne m'en croirez point. Cependant quels ſoins pourrois-je vous donner qui vaillent ceux que vous en auriez reçus ? elle eût été votre guide en tout : elle auroit voulu vous enseigner elle-même une partie de ces Arts brillants qui ajoutent au mérite réel, & qu'elle possédoit comme quelqu'un qui n'a de prix que par eux : elle vous eût éclairé l'esprit par degrés, & n'y eût jeté que des semences qui auroient sans cesse tourné au profit de votre cœur & de la société : la vertu ne vous eût rien coûté sous ses yeux, elle vous l'auroit pour ainsi dire fait couler dans le sang ; & dans l'âge des passions, vous eussiez trouvé votre ame fermée à toutes leurs atteintes. Pourquoi faut-il que de si belles espérances vous aient été enlevées ? encore à la mamelle, quels crimes avez-vous commis ? Votre crime, c'est d'avoir reçu la vie d'une mere faite pour un plus heureux séjour,

jour, & dont le commerce m'honoroit trop. On ne vous punit pas ; c'eſt elle qu'on récompenſe. Non, grand Dieu, puiſque vous vous hâtez de la couronner, vous n'abandonnerez pas ſes tendres rejetons ; ils vous connoîtront un jour, ils leveront vers vous leurs mains innocentes ; & la vôtre, qui ſemble aujourd'hui les frapper, ſera leur plus ferme appui.

Me voici parvenu, ô trop cher objet de mes regrets, au plus beau trait de ta vie. Rien n'égaloit ton amitié pour moi ; mais il étoit dans ton cœur un ſentiment qui dominoit tous les autres, le principe, la regle de tes ſentiments mêmes, la Religion. Oui, tu euſſes tout fait pour me prouver ton amour ; mais tu n'aurois pas héſité de me ſacrifier pour elle. Ses moindres loix te furent toujours ſacrées, & c'étoit pour y être fidelle que tu fuyois tout ce que les autres recherchent. Le moyen que les passions trouvent accès dans un cœur qui en connoît tout le danger, & qui, pour s'en défendre, se refuse constamment tout ce qui peut les faire naître ? Que ne puis-je laisser ici la plume à ces Pasteurs que tu as tant de fois édifiés dans un tribunal où il y a toujours plus de maux à guérir que de bonnes dispositions à fortifier, & moins de foiblesses à corriger que de vices à détruire ! En levant le voile de ta conscience, qu'ils sauroient bien mieux que moi en étaler toute la beauté ! Dans quelle autre ame trouverent-ils jamais plus de docilité & de respect pour eux, plus de foi & de vénération pour les divins Mysteres, plus de goût pour la lecture des livres saints, plus de véritable amour de Dieu ? De combien de bonnes œuvres, de pratiques de piété, d'actes d'humilité, de charité, de tempérance, de force, de courage, ils furent les dépositaires ! Que de vues nouvelles sur l'éducation de tes enfants, que de projets de réforme dans ton domestique & de sanctification pour toi-même ils pourroient nous révéler !

Cependant, pour être au dessus de toute sagesse humaine, ta sagesse n'étoit, ni de celles qui, sombres & chagrines, de tempérament plutôt que de raison, font le supplice des personnes qui en sont les témoins, ni de celles qui aveuglément immolent les devoirs essentiels à de vains caprices ; c'étoit une piété douce, éclairée, judicieuse, soumise sans superstition, édifiante sans appareil, & quoique vive & ſoutenue, toujours amie de la décente liberté & des ris ; parce qu'elle tenoit infiniment plus de ce culte intime & généreux, ſi digne du ſouverain Etre, que de ce culte ſervile & triſte, unique & malheureux partage des ames vulgaires.

Il n'eſt pas toujours vrai que toutes les vertus ſe tiennent par la main ; ſouvent elles s'excluent. Combien de fois la douceur eſt - elle compagne de la puſillanimité ! Cependant à une ſimplicité de mœurs digne des premiers ſiecles, qui allia jamais tant de grandeur d'ame, une patience plus inaltérable à tant de vivacité, & moins de foibleſſe avec tant de ſenſibilité ? *Il eſt des femmes qui ont fait infidélité à leur ſexe en prenant le mérite des hommes.* *

* St. Evremont.

Tu fus de ce nombre, je te l'ai dit souvent.

Pourquoi te ressemblé-je si peu ? & si je devois pleurer ta perte, que n'ai-je hérité au moins de celle de tes vertus qui pouvoit m'en adoucir l'amertume ! Mais je me trompe, ta fermeté, dont le charme & l'exemple auroit pu me faire supporter les plus grands maux, cette force d'esprit peu commune que tu cachois sous l'apparence de la timidité, ne me seroient aujourd'hui d'aucune ressource : ta perte est un de ces événements faits pour déconcerter la raison la plus sublime, & il n'est personne à ma place qui ne succombât à la tristesse. Non ; & ne vous y trompez pas, vous qui vous reposez sur la philosophie. J'en connois peu les avantages ; mais si l'on peut avec elle braver de sang froid l'injuſtice des hommes, les caprices de la fortune, la douleur & la mort, que peut-elle contre le coup qui nous enleve une tendre & ſolide amie, une de ces ames décidées, & pour ainſi dire originales, avec qui on ne peut être malheureux? ah! c'eſt beaucoup de le ſoutenir ce coup ſans perdre la raiſon ou la vie.

Laiſſe-moi, chere épouſe, achever d'irriter toutes mes bleſſures : tu t'y opposes en vain ; ta tombe ne ſauroit être arroſée de trop de larmes ; & ce cœur que tu as abandonné, & qui méritoit peut-être d'être moins infortuné, eſt trop rempli de toi pour pouvoir s'en éloigner. Laiſſe-moi me rappeller ce jour, ce funeſte jour, qui en m'emportant toute la douceur de ma vie, auroit dû auſſi la finir... Ah ! s'il eſt vrai que le maſque tombe à la mort ; au lieu de mettre le comble à tes vertus, que ne démentois-tu ta vie ? Où tant de gens ménagent à ceux qui les ſurvivent des ſujets de conſolations humaines, devois-tu ne me laiſſer que des motifs d'une éternelle douleur !

Qui pourroit peindre tout ce que tu nous développas ? quelle ſérénité ! quel courage ! quelle préſence d'eſprit ! quelle foi ! Ce n'eſt pas aſſez de voir venir le coup terrible ſans t'abattre, ſans témoigner aucune de ces foibleſſes qu'on appelle beaux ſentiments : à la fleur de l'âge tu quittes, pour ne parler que des objets qui t'entouroient, un mari qui t'avoit donné toute ſon eſtime, toute ſa tendreſſe ; deux enfants, privés pour toujours de ton exemple ; un frere, qui me balançoit presque dans ton cœur ; une sœur, à qui tu servois de mere, & pour qui tu en avois les sentiments : & tant de séparations, si accablantes pour un cœur tel que le tien, ne t'arrachent pas le moindre murmure. Tu eusses pu au moins nous entretenir de tous ces sacrifices ; cet épanchement eût été une douceur pour toi : tu préféras de les dévorer dans le silence, & ne voulus les verser que dans le sein de Dieu & de ses Ministres. Etoit-ce donc que tu affectois l'indifférence stoïque ? mais connus-tu jamais l'ostentation ? Hélas ! bien différente de tant d'autres, tu ne cherchois pas à montrer tout ton prix, pour te faire pleurer davantage ; nulle femme ne fut plus digne de regrets, nulle ne fut moins jalouse d'en exciter. Ta mort fut, comme ta vie, simple & ſans faſte. L'innocence de tes mœurs, l'heureuſe habitude que tu avois contractée dès l'enfance de te recueillir chaque jour ſur ce dernier moment, & cette parfaite ſoumiſſion chrétienne qui n'enfante pas de moins grands prodiges que l'orgueil de ces vertus moins que païennes, qu'une vaine philoſophie s'efforce d'accréditer, voilà ce qui te ſoutenoit ; & la ſeule crainte de me laiſſer dans le déſeſpoir, fut tout ce qui t'émut. Touchant à mon malheur & n'en pouvant plus douter, malgré tes efforts pour diſſiper les ombres fatales qui t'enveloppent, mon cœur ſe déchire, mes larmes coulent : tu ne tiens point contre elles, tu te troubles, tu t'agites; & ramaſſant tout ce qui te reſte de force & de vie, tu l'emploies à me ſerrer dans tes bras ! Quel ſpectacle ! il me dévoile ton ame toute entiere. Elle n'eſt plus dans le Ciel, elle redeſcend ſur la terre ; tu ne ſouffres plus que de mes maux, tu préſages, tu ſens avec plus de violence que jamais tout ce que ta perte va me coûter ; ta bouche, cette bouche qui fut toujours le ſiege de la pudeur & des graces, ſe colle ſur mes yeux comme pour en dévorer, pour en tarir les larmes ; tu voudrois pouvoir t'effacer de mon cœur ; tu voudrois, quel héroïſme ! ou n'avoir jamais vu le jour, ou le perdre & m'échapper ſans laiſſer aucune trace de toi : *Je ne mérite pas tes regrets*, me dis-tu ; *je me porte mieux, ne crains rien.* Que pouvois-je donc avoir de plus affreux à redouter, grand Dieu ! quel coup vous m'apprêtiez ! Que dirai-je enfin ? tu m'embraſſes, & tu ſouris ; tu me raſſures,

& tu n'es plus... Ah ! quand dans le printems de l'âge on sait ainsi mourir, pourquoi expirer en effet, & ne pas retourner à la vie ?

Faux sages, esprits forts, où en serois-je si je me livrois à vos systêmes ! Quoi, tant de vertus seroient anéanties, la mort auroit tout englouti, j'aurois tout perdu ! Concevez-vous l'horreur de cet état, & avez-vous de quoi le supporter ? Non, non, chere épouse, il ne se peut pas que tu n'existes, il ne se peut pas que tu ne me voies, que tu ne m'entendes encore : non, il est un Etre suprême qui fait aujourd'hui ta félicité ; tu l'invoques, tu lui tends les bras pour me la faire partager : & si, comme toi, je parviens à m'en rendre digne, mon ame se rejoindra à la tienne, pour ne plus s'en séparer. Ta vertu, ta résignation, ta mort, me pénetrent plus que jamais de ces vérités lumineuses, seules capables de me consoler sur la briéveté de ta vie.

Mais est-il donc vrai que tu aies peu vécu ? Ah ! si remplir tous les devoirs de son état, c'est remplir sa carriere ; si vivre, c'est connoître le prix du temps & en faire toujours le meilleur usage, c'est cultiver la sagesse, c'est jouir de son ame, c'est penser, c'est sentir, c'est savoir faire son bonheur & celui des autres ; si vivre, c'est mépriser la gloire & la volupté, c'est respecter les loix & chérir sa patrie, c'est s'occuper sans cesse des perfections de la Divinité, & de là descendre dans son cœur pour y chercher de plus en plus à se rendre moins indigne de ses regards & de ses bienfaits ; si vivre, c'est pouvoir compter moins d'années que de ſacrifices faits à la raiſon, à la bienfaiſance, à l'amitié, à la juſtice, à la vertu : c'eſt vivre enfin comme tu as vécu. Chere Clemence, tu as ſéjourné peu de temps parmi nous, mais tu ne nous as pas quittés ſans avoir beaucoup vécu ; & ce n'eſt que pour moi que tu es morte trop tôt.

En effet, ſi, de l'aveu de la Sageſſe même, (*a*) le chef-d'œuvre de la Nature, le premier, le plus précieux des dons du Ciel, l'objet le plus capable de rendre l'homme heureux, non de ce bonheur qui n'ayant de priſe que ſur les ſens, ou ne fait que les effleurer, ou les émouſſe & les ruine, & fuit & s'éteint avec eux,

---

(a) *Domus & divitiæ dantur à parentibus, à Domino autem propriè uxor prudens*. Prov. 19.

mais de ce bonheur de l'ame qui ſe laiſſe toujours ſavourer ſans remords & ſans dégoût, & qui l'épurant & l'élevant, eſt ſi propre à nous en ménager un immortel comme elle, c'eſt une femme aimable & vertueuſe, puis-je trop déplorer aujourd'hui & ma perte & mon ſort ?

Si donc ce petit ouvrage, (*a*) fait pour mourir dans le ſein de mes amis, vient jamais à en ſortir, que ceux entre les mains de qui il pourra tomber n'écoutent ici d'autres ſentiments que ceux de l'humanité. Pourroit-on connoître tout ce que j'ai perdu, & déſapprouver l'eſpece de ſoulagement que j'ai cherché à ma douleur ? Et qu'on ne

---

(*a*) Il a déjà paru quelques exemplaires de cet écrit, & il en eſt fait mention dans le Mercure de France du mois de Juillet 1752.

croie pas que l'amitié m'ait emporté au delà du vrai. Hélas, que n'eſt-ce ici une fiction, un vain jeu d'eſprit! Je n'ai rien ēxagéré; je n'ai pu qu'affoiblir. Oui, chere ame de ma vie, il n'eſt que trop vrai que je n'ai pu m'élever juſqu'à toi : & ſi ta vertu n'étoit du nombre de celles qui ſont au deſſus même de l'art des plus grands Peintres, mon impuiſſance à rendre à ta mémoire les honneurs qui lui ſont dus redoubleroit aujourd'hui mes regrets. Mais ſi j'en ai trop peu dit pour attacher, & ces lecteurs qui ne priſent dans un ouvrage que la ſymmétrie, les figures & les tours; & ces eſprits cauſtiques, pour qui tout ce qui porte l'empreinte du ſentiment eſt un ſujet de déclamation & de ſatyre; & cette multitude qui ne trouve point de vertus où elle ne voit point de titres & de noms ; peut-être en ai-je dit aſſez pour te procurer quelques moments d'exiſtence auprès de ces perſonnes qui ſavent encore aimer au delà du tombeau ; & qui ne trouvant rien de plus grand que la vertu, ſe plaiſent à l'honorer dans tous les états, & juſques dans la miſérable proſe d'un Ecrivain qui, pour lui rendre hommage, a oſé ne conſulter que ſon cœur. J'aime du moins à croire que ceux qui ſont aſſez heureux pour jouir d'un ſort ſemblable à celui qui ne m'a été que montré, ne ſeront point inſenſibles à mon infortune, & quand je forme des ſouhaits pour eux, qu'ils daigneront peut-être mêler quelques ſoupirs à mes larmes.

Puiſſé-je ſur-tout me promettre que ce foible monument que mon cœur vient d'élever à ta cendre, ſuf-

fira

ſira pour la e un peu chere à mes amis ! qu'il me ſeroit doux de les voir s'occuper quelquefois de toi, ſe charger d'une partie de mes devoirs, répandre tes perfections, dire qu'elles méritoient un plus digne organe, & ne pas craindre de me le dire à moi-même !

Les grandes paſſions ſe tranſmettent à la poſtérité : la plus belle vie, une vie paſſée dans l'honnêteté & la pratique conſtante des devoirs, & par-là même pleine de prodiges ſupérieurs à ceux que la vanité canoniſe, devroit-elle être à peine connue ?

Ah ! du moins, puiſque je ne puis ſemer ſur ta tombe des fleurs immortelles, ſeules capables de m'acquitter envers toi, que la ſource de mes regrets ſoit intariſſable dans mon cœur & dans celui de tes enfants ; qu'ils vivent pour tromp douleur, pour te représenter, s i est possible, à mes yeux & à mon ame ; qu'ils ne se lassent point de puiser dans cette esquisse, baignée de mes larmes, le goût de tes talents & de tes vertus ; qu'ils la regardent, toute imparfaite qu'elle est, comme la plus noble, la plus riche portion de leur patrimoine, comme le plus précieux, le plus cher gage que je puisse leur laisser de ma tendresse ; & que révérant & bénissant à jamais ton nom, ils aient sans cesse dans la bouche ces paroles si souvent profanées, & qui te caractérisent mieux que tout ce que je viens de dire :

Cui Pudor & Justitiæ soror
Incorrupta Fides, nudaque Veritas,
Quando ullam invenient parem ?

Horace.

www.ingramcontent.com/pod-product-compliance
Ingram Content Group UK Ltd.
Pitfield, Milton Keynes, MK11 3LW, UK
UKHW020454230726
13925UKWH00005B/1924